DISCOURS

PRONONCÉ

Par le C. GOISSET, Commissaire près les Tribunaux de la Sarre,

Dans la Salle décadaire de la Commune de Tréves, le 1er Vendémiaire, an 8, pour l'anniversaire de la fondation de la République.

CITOYENS,

DES rois armés contre la France en avaient commencé la conquête. Au bruit de nos premiers revers, d'autres rois accouroient au partage de nos dépouilles ; et nos soldats, trahis depuis six mois par leurs chefs, fuyaient sans ordre et sans espoir. Maîtres de nos frontières ravagées, un vainqueur s'avançait vers Paris, et semblait ne devoir plus rencontrer sur son passage que l'effroi semant la discorde, commandant les forfaits, et préparant ainsi nos derniers désastres. Tout-à-coup les représentans du peuple français se réunissent en convention nationale : leur premier soin n'est pas de compter leurs pertes ou leurs ressources, de dissiper le cahos qui les environne ; mais ils se lèvent, et disent

A

à ces rois triomphans : Vous ne subjuguerez pas la France, car nous la proclamons République.

Ce nom de République, illustre dans l'histoire, étoit resté aux nations. La philosophie aimait à le prononcer ; mais, il faut bien le dire, c'était d'une voix timide, sur-tout au sein des vastes états, et l'on sait même que, par séduction ou par terreur, les rois avaient obtenu de quelques écrivains célèbres des complaisances pour les grandes monarchies. Ce n'étoit plus par des discours et par des livres qu'on pouvoit agiter utilement une question de ce caractère : il n'appartenait plus qu'à des événemens terribles de porter un jugement décisif et mémorable entre le vœu secret de tous les opprimés du monde, et les dissertations des courtisans. Il fallait qu'un grand peuple affaibli, entravé, corrompu même par quatorze siècles de royauté, s'élançât un jour dans la République ; qu'une ligue de rois puissans l'attaquât sur tous les points de ses frontières ; qu'ils allumassent dans plusieurs de ses provinces le long incendie d'une guerre intestine ; que, sans trésors, sans crédit, quelquefois même sans subsistances, long-temps dans l'absence de tout gouvernement régulier, ce peuple, au milieu de tant d'ennemis, fût encore déchiré par des discordes sanglantes entre les républicains eux-mêmes. Il étoit assez prouvé que tant de fléaux suffisaient pour dissoudre le plus fort et le plus antique des trônes ; mais il fallait savoir s'ils empêcheraient une république de naître et de s'élever. Voilà, citoyens, quelle épreuve devait éclaircir, enfin, s'il vaut mieux pour une nation de trente millions d'hommes, pour sa défense, pour sa puissance, pour ses triomphes, pour le plus parfait développement de ses forces physiques et morales ; s'il lui vaut mieux, dis-je, d'être la propriété d'un roi, ou une famille immense de républicains.

Cette grande et solemnelle expérience, les Français l'ont faite. Ils ont vu se rassembler contre la République tous les obstacles qui eussent étonné son génie, s'il pouvait l'être : d'abord l'anarchie, premier écueil de toute liberté naissante, ordonnant les crimes au nom de la patrie, comme le fanatisme les commande au nom de Dieu ; puis le fanatisme religieux lui-même, égarant des peuples sensibles, bons et paisibles, et dévorant des contrées depuis long-temps florissantes ; ensuite la famine conseillant des séditions nouvelles, et rappelant tous les délires dont elle étoit le funeste ouvrage ; en même temps la ruine des finances nationales, l'avilissement des signes, l'inertie du commerce, la confusion des contrats et des fortunes ; enfin, le royalisme revenant tout fier des fléaux par lui suscités, réveillant les ressentimens, recommençant les proscriptions, donnant à tous les excès des noms honorables, prêchant la justice et le mépris des lois, la vengeance et l'humanité : tant de calamités intérieures se succédant ou se réunissant au sein de la France, tandis que les innombrables armées des rois enveloppaient ou entamaient son territoire, menaçaient ou surprenaient ses places, ses ports et ses colonies. Citoyens, de si vastes événemens ont éprouvé, accru et affermi la République.

Elle existait à peine : son nom prononcé par la convention nationale, avait à peine retenti dans les départémens ; déjà de chacun d'eux s'élançaient pour la défendre des bataillons de nouveaux guerriers ; déjà le fer et la foudre, arrachés du sein de la terre, armaient leurs bras vengeurs, et, au bruit des chants républicains, ils voloient aux périls et à la victoire. Dès leur premier essor, ils ont repoussé l'ennemi, et l'ont forcé à repasser nos frontières ; mais bientôt franchissant à leur tour les monts et les fleuves, ils vont porter dans les contrées étrangères la guerre, la terreur, et souvent la liberté. Quelle est donc la puissance de ces légions républicaines, pour qu'il faille qu'elles soient encore victorieuses, alors même qu'elles sont guidées par un traître ? Et, comment s'étonner de leurs prodiges, lorsqu'à Weissembourg, à Quiberon, dans les champs de Fleurus et d'Arcole, elles ont à leur tête des héros qui leur ressemblent ? Armées immortelles ! dans les marches, dans les sièges, dans les batailles, dans les retraites, est-il une palme guerrière qu'elles n'aient pas obtenue ? Infatigables au sein des privations, généreuses au milieu des trophées, intrépides après les revers , toujours inaccessibles au conseil des factions , toujours étrangères aux discordes intérieures, ne sachant élever leur voix terrible que pour redemander la République quand on s'apprête à la leur ravir; y a-t-il dans l'histoire des combats et des peuples, des exemples de vertus magnanimes qu'elles n'aient pas surpassés ? L'esprit public chassé du centre par l'esprit de parti, comme par une force centrifuge, s'est heureusement vu accueilli à la circonférence par nos armées. Il existe là , là il se suffit à lui-même, et se passe même de cette récompense si douce et si due qui faisait tout faire à Alexandre; mieux que lui, nos hommes de guerre se contentent d'apprendre légalement , et sans acclamations , qu'ils ont bien mérité de la patrie ; et cependant, que ne devons-nous pas à cette gloire des armes ? Sans elle, que serait l'histoire de notre âge dans l'histoire universelle ? Cette gloire vraiment nationale par ses circonstances, n'appartient pas à tel général , à tel génie; les chefs et les soldats se la partagent; son éclat suffit à la part de chacun, et ses reflets sur notre existence civile et morale, suffisent encore aujourd'hui pour couvrir nos débats de partis, et nos petitesses intérieures.

Beaucoup d'autres citoyens , sans doute , ont concouru , hors des camps, aux conquêtes et aux progrès de la liberté : ils en ont servi la cause par leurs sacrifices, par leur dévouement, par leurs travaux, par le civique et courageux exercice des diverses fonctions sociales : et certes, dans cette solemnité de la patrie , je ne veux affaiblir la gloire d'aucun des tributs que ses enfans lui ont offerts; mais c'est l'équité la plus rigide, c'est la plus impartiale vérité qui revendique pour nos guerriers la première part dans les vastes succès de la République, et qui réclamait, citoyens, l'hommage que je viens de leur rendre en votre nom.

Que tous les républicains, quelque poste qu'ils aient honoré, contemplent aujourd'hui leur commun ouvrage; que leurs souvenirs, que leurs regards embrassent tous les triomphes de la patrie ; sa puissance et ses conquêtes affermies par des traités ; son domaine agrandi ; la Gaule rappelée à son antique unité ; les pertes de la monarchie reconquises par la République ; la sagesse nationale fixant les bornes du territoire français aux lieux indiqués par la nature, et arrêtant la victoire, toujours prête à les franchir ; le gouvernement représentatif s'élevant du cahos de nos dissentions, vainqueur de la royauté, de la féodalité et de toutes les anarchies ; les pouvoirs d'abord concentrés pour fonder plus énergiquement la liberté publique, se divisant avec harmonie pour la conserver et la garantir ; les factions renversées l'une sur l'autre, toujours terrassées au moment de leur plus licentieuse audace ; des lois bienfaisantes ranimant l'agriculture, honorant et encourageant l'industrie, rouvrant les sources de la prospérité sociale au milieu même des besoins que la guerre entraîne et des obstacles qu'elle multiplie ; les sciences poursuivant leur carrière féconde ; nos guerriers nous rapportant les antiques chef-d'œuvres des arts comme les plus beaux de leurs trophées ; et ces immortels monumens du génie venant prendre leur place au sein de la France libre et victorieuse, comme si c'étoit leur destinée de ne se fixer qu'au centre de toutes les gloires ; la patrie, enfin, fière des exploits de ses enfans, orgueilleuse encore de leurs illustres défaites, assez puissante pour proclamer elle-même ses propres revers, et pour en informer ses ennemis ; toujours sûre d'être vengée par des triomphes ; déjà couverte de tous les lauriers des combats, et cultivant à l'avance tous ceux de la paix. Telle est, citoyens, la République ; telle aujourd'hui elle est vénérée par les peuples et par les rois ; et telle un jour elle apparut à l'un de ses héros, quand, la saluant du sommet des Alpes, il la nomma *la grande nation.*

Je vous ai parlé, citoyens, des biens dont jouit déjà la République ; vous êtes plus accoutumés à songer à ceux qui lui manquent. C'est dans les états libres l'habituelle disposition des bons citoyens, c'est la destinée des législateurs fidèles, de jeter moins de regards sur les succès les mieux garantis, que sur les écueils mêmes les plus lointains , sur les établissemens imparfaits, sur les lois défectueuses, sur les maux qui ne sont pas guéris , sur les biens qui ne sont point consommés. Heureuse inquiétude, principe sacré de la conservation et du perfectionnement des républiques , je ne viens pas amortir les mouvemens d'une affection si généreuse , pourvu cependant qu'en ce jour de gloire , au milieu des souvenirs qui permettraient tant d'orgueil, on consente à la livrer du moins à quelques-unes de nos plus légitimes espérances !

Il faut sans doute par de nouveaux efforts affermir à jamais la fortune publique ; mais quelles sont donc les ressources qu'on ne doive attendre , et d'une terre déjà si riche des bienfaits de la nature , au moment où la liberté vient la féconder à son tour, et d'un peuple déjà célèbre parmi les nations industrieuses, avant d'être environné de tous les motifs d'émulation, de tous les moyens d'activité que sa constitution lui offre ?

Il faut achever, perfectionner le système de l'éducation nationale : mais quand le sceptre des superstitions est brisé , comment sera-t-il impossible de soumettre à l'empire de la vérité , de la vertu et de la patrie , des élèves qui n'auront pas eu , comme leurs pères , le malheur de croître sous l'influence des opinions et des habitudes de l'esclavage ?

Sans doute encore , c'est trop peu d'avoir recueilli sur l'établissement et la division des pouvoirs les expériences de quelques nations modernes, et les leçons de quelques philosophes précurseurs de la liberté française ; il faut qu'une sagesse plus antique et plus profonde nous révèle enfin les secrets de ces institutions morales , qui, chez des peuples illustres, consacraient et vivifiaient les lois constitutionnelles , et quelquefois en tenaient lieu : mais n'a-t-on pas déjà, par d'honorables tentatives , prétendu à cette gloire future des fêtes et des monumens de la République ? Parmi ces institutions naissantes, n'en est-il pas que déjà les rois et les nations imitent ? Et s'il est vrai que ces premiers essais soient faibles encore et trop peu efficaces, n'est-il pas permis de penser, que, dans l'antiquité elle-même, ces créations républicaines, qui s'élevèrent à un si haut degré d'éclat et de puissance, avaient eu aussi de timides commencemens ?

Il faut enfin régénérer les mœurs, extirper des ames les vices qu'y laissa la monarchie, réunir contre le scandale des dilapidations toutes les forces de la loi, de l'instruction et des bons exemples : mais quelque profonde que soit cette plaie, quelque pénible et longue que soit la tâche de ceux qui doivent la guérir, croyez, citoyens, que l'expérience qui a déjà montré les dangers de la popularité, manifestera aussi ceux de l'opulence honteusement acquise. Ce n'est pas, quoiqu'on en puisse craindre, l'effréné débordement de cette corruption qui ébranlera la République ; c'est la puissance de la République qui dévorera les hommes corrompus. Autant le génie bienfaiteur de la liberté encourage les travaux, aiguillonne toutes les industries honnêtes, et en garantit sans réserve les plus riches fruits ; autant il saura poursuivre de ses inquiets regards, environner d'abord d'opprobre, puis de périls, toutes les fortunes que le crime aura grossies ou élevées.

Non, citoyens, il n'est aucune vertu, aucune prospérité à laquelle la République ne doive entraîner des Français : il n'y aurait plus que la discorde, désormais presque impossible elle-même, qui pût, au-dedans, renverser ou troubler vos espérances ; comme il n'y a plus rien au-dehors qui puisse arrêter vos triomphes, si ce n'est la franche correspondance des rois à vos intentions pacifiques, leur sagesse et le sentiment de leurs véritables intérêts.

Lorsqu'on a mesuré l'étendue des succès et des espérances de la République française, lorsqu'à l'imposant spectacle qu'elle offre aux hommages de l'univers on joint les glorieux souvenirs des républiques de l'antiquité, il est difficile de considérer de si grands effets sans vouloir en connaître les causes, et impossible de rechercher, sans les découvrir, les raisons naturelles,

simples, évidentes, de cette éternelle prééminence des républiques naissantes sur les plus anciens trônes, des républiques
les plus resserrées sur les monarchies les plus vastes ; on pourrait
dire encore des républiques les moins prospères, sur les royaumes
les plus heureux. A Dieu ne plaise que je veuille outrager aucun
peuple dans la forme du gouvernement qu'il conserve ! Dans la
plus loyale des nations, l'on n'oublie jamais les égards dus à
toutes les puissances avec lesquelles elle a contracté : mais
quand, fidèles à nos sermens, nous respectons dans les contrées
étrangères les divers systêmes politiques qui les régissent aujour-
d'hui ; certes ! il nous est bien permis de sentir les bienfaits de
celui que nous avons préféré pour nous-mêmes, et dont nous
avons aussi juré solemnellement le maintien.

Nous dirons donc que le suprême avantage du gouvernement
républicain est de satisfaire avec plénitude cet immense besoin
de liberté qu'éprouvent les ames généreuses ; que proscrivant
tout privilège comme tout esclavage, il étend sans cesse la carrière des émulations louables ; qu'il ne décourage le talent, qu'il
ne contriste la vertu par l'aspect d'aucun obstacle invincible,
d'aucune barrière insurmontable ; que n'établissant aucun genre
d'inégalité permanente, il conserve tous les droits de la nature
au milieu de tous les bienfaits de la société ; qu'il resserre, et
sur-tout qu'il manifeste le lien de l'intérêt général avec l'intérêt
privé ; qu'il offre sans cesse aux regards des citoyens l'auguste
image de la patrie ; qu'il les accoutume à se réjouir et à s'affliger
avec elle ; qu'il agrandit leurs ames en les ouvrant à de plus
grandes jouissances et à de plus vastes douleurs ; que, par les
vives émotions du patriotisme, par ses allégresses comme par
ses angoisses, il imprime, à grands traits, dans le cœur de
l'homme le sentiment de sa dignité personnelle, de sa part dans
la chose publique, et de sa place dans le souverain.

Nous dirons encore que, n'ayant besoin pour se soutenir du
secours d'aucun préjugé, de l'assistance d'aucune erreur, la
République appelle les lumières, évoque la vérité, s'enrichit et

se fortifie de tous les trésors de la science, de toutes les conquêtes de la pensée. Il se peut rencontrer sans doute autour des
trônes, sur les trônes même, des gouvernans dégagés de beaucoup de superstitions vulgaires, dissimulant à peine leur mépris
pour elles, accueillant la philosophie et s'efforçant de profiter
de quelques-uns de ses bienfaits : mais nous avons vu, en ce
siècle, comment ces superstitions décriées savent résister au bon
usage qu'on peut quelquefois faire d'une autorité dont elles sont
les soutiens ; et parmi nous, au moins, c'est la République seule
qui a pu décréditer tous les mensonges, et garantir à la philosophie une durable influence sur l'administration de l'Etat. Elle
a seule averti les Français de leurs forces et de leur puissance ;
seule elle a provoqué l'immense et rapide développement de
toutes leurs facultés. Elle a rempli leurs esprits de pensées justes,
et leurs ames de vertus fortes.

Les Français avaient pris, du temps même des rois, une place
insigne parmi les peuples belliqueux : les armées de la République ont effacé la gloire des armées de la monarchie. Ils étaient
distingués dans l'Europe par la franchise de leurs mœurs, par
la noble élévation de leur caractère : la République a soudain
porté leur courage à la hauteur des plus redoutables périls, et
des sacrifices les plus généreux. Au sein des orages politiques
et des infortunes profondes, en présence de l'anarchie, sous ses
poignards, et jusques sur ses échafauds, déjà trop de républicains ont presque rendu vulgaire parmi nous le spectacle des
plus majestueuses vertus de l'humanité : tels ont été sur-tout
ces fidèles représentans du peuple français, desquels cette solemnité doit consoler les illustres mânes, et qui, après avoir si
dignement partagé l'honneur de la fondation de la République,
proscrits en son nom, expirèrent en la bénissant, et donnèrent,
les premiers, le sublime exemple que d'autres victimes allaient
imiter.

Que l'on ne dise pas, citoyens, que le gouvernement républicain est sans puissance contre les factions, ou que le secret

n'assure point les succès de ses entreprises ; des expériences trop récentes et trop décisives confondraient ces calomnies surannées. Si l'on ajoutait que les républiques doivent rester en proie aux dissentions civiles, l'exemple de la concorde, qui, depuis les crimes du royalisme et sa dernière défaite, le maintien inaltérable entre les premiers pouvoirs constitués, malgré les efforts de quelques hommes pervers, repousserait glorieusement cet insensé présage de la malveillance. La liberté, sans doute, est inquiète, active, quelquefois même impétueuse ; mais le mouvement n'est pas le tumulte, et l'émulation n'est pas la guerre. Et quelles inimitiés peuvent renaître, quand tous les républicains ont eu tant d'occasions de se reconnaître et de s'entendre ; quand ils savent combien leurs volontés s'accordent pour l'éternel banissement des émigrés, pour la ferme garantie des ventes nationales, pour la proscription de toute hérédité, de tout privilège, pour l'énergique emploi des mesures les plus équitablement rigoureuses contre les ennemis de la liberté ; enfin, pour le maintien de la constitution de l'an 3, et pour la réprobation de tout projet de resserrer ou de relâcher les pouvoirs qu'elle établit ? Non, citoyens, le royalisme n'a ni assez d'astuce, ni assez de moyens pour diviser des hommes unis par tant de pensées communes, par tant d'affections unanimes ; et lorsque tout ce qui frappe leurs regards les invite à une si facile concorde, ils ne chercheront plus en de vains souvenirs des germes de dissentions nouvelles.

Ah ! s'il leur faut des souvenirs, il en est d'assez beaux dans l'histoire de quatorze armées intrépides ; et quand tant de triomphes peuvent remplir la plus vaste des mémoires, on ne peut pas songer à y replacer l'inutile récit de quelques erreurs obscures, et peut-être trop expiées. Déjà les fastes de la République s'agrandissent à tel point qu'il faudra bientôt que nous consentions à ne plus savoir de leurs premières pages que ce qu'en sait l'Europe, que ce qu'en saura la postérité, c'est à-dire, que des commotions désastreuses moissonnèrent alors beaucoup de vertus, et en égarèrent beaucoup d'autres ; qu'il fallut aux Français nouvellement libres des leçons si redoutables pour les éclairer à jamais sur les pièges du royalisme et de l'anarchie ; mais qu'après cette lamentable expérience, leur République ayant si pleinement payé, en quelque sorte, sa dette à la discorde, s'est affermie par la paix intérieure, par l'harmonie des autorités, par l'étroite union des citoyens, législateurs républicains que le royalisme rassemblait dans l'immensité de ses haines et de ses proscriptions, soyez sûrs que si vous associez toujours vos efforts pour le salut de la liberté, pour le maintien du pacte social, vous serez confondus encore dans les bénédictions de la postérité reconnaissante.

Citoyens, les fêtes dernières que vous avez célébrées sont toutes dignes de la patrie ; mais au milieu de la civique allégresse qu'elles inspirent, il doit se mêler des regrets sur la perte de quelques vainqueurs, l'on peut même en ressentir d'honorables sur les égaremens et les malheurs de quelques vaincus. La solemnité que vous célébrez aujourd'hui, ne rappelle que du bonheur et de la gloire.

Puisse cette auguste fête, que le ciel embellit, que tous les arts décorent, où des millions d'hommes libres sur tous les points de la République, jurent sur l'autel de la Patrie de vaincre pour elle, où prononcé par nos guerriers, ce serment retentit de l'Italie à la Hollande, et de la Suisse jusqu'en Egypte ! puisse ce jour fortuné, sûr présage de nos triomphes nouveaux, si l'aveuglement des rois en exige, laisser dans les cœurs de tous les cis-rhénans, comme dans ceux de tous les Français, de profonds sentimens de vénération, d'amour et de dévouement pour la République !

VIVE LA RÉPUBLIQUE !

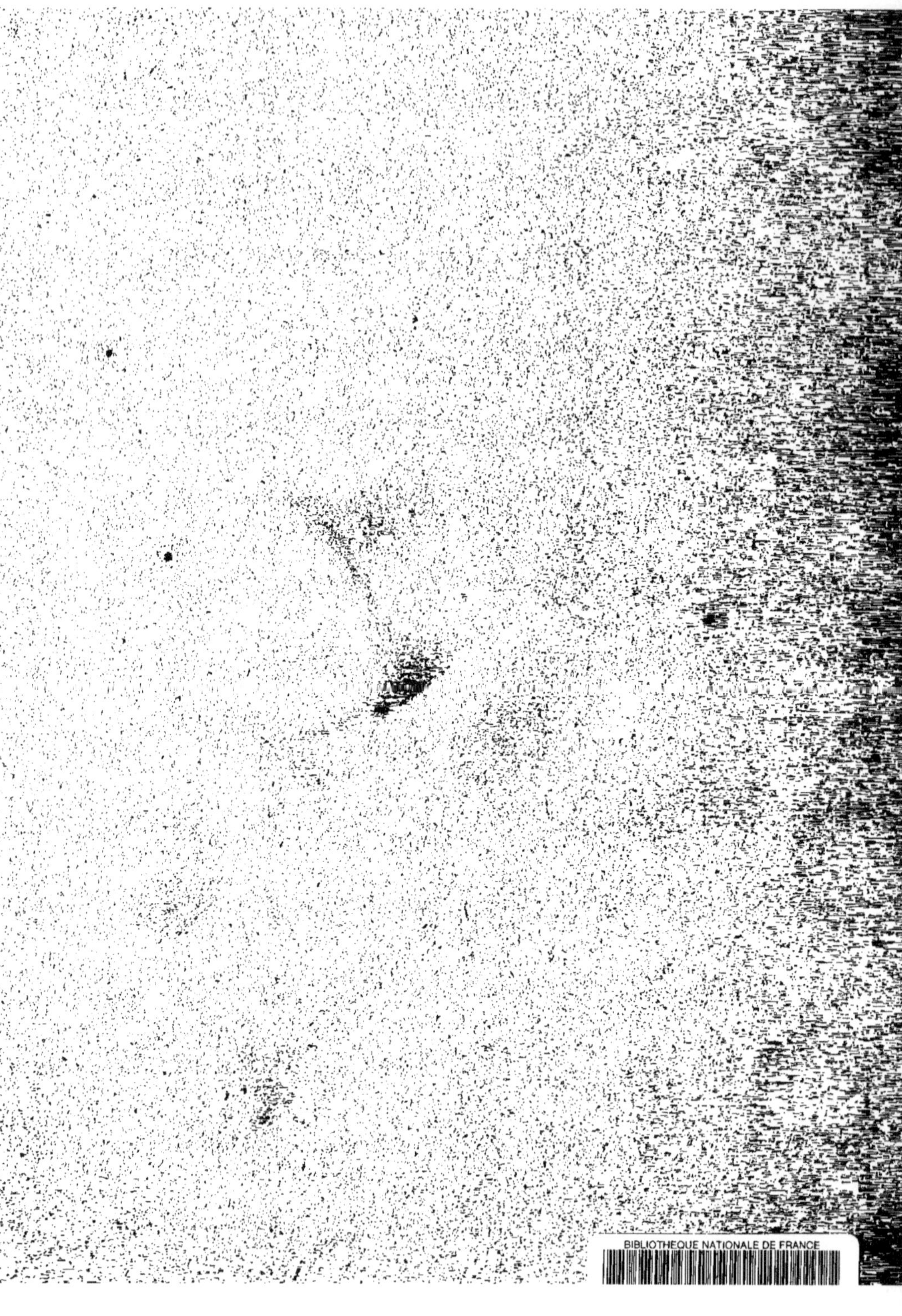